말을 삼키는 버릇이 있었다
꼭 해야할 말도 아니었고
해 보아 소용 없는 말이기도 했다
그럼에도 참 많은 말을 하고 살았다
시는 그런 내 말을 잘 참아주었다
이제는 말을 좀 줄여야겠다

여의재 김 종애

귀를 두고 간 겨울

귀를 두고 간 겨울

김종애 시집

매혹시편
6

북치는소년

차례

제1부 · 찾을 수 없는 주어

가만히 가는 여름 13
개인 사정 15
고요하고 거룩한 17
겨울 나라의 앨리스 19
순간접착제 21
시간의 방향 22
등 기댄 논두렁 24
입춘첩 25
맨몸 접시 27
마지막 한파 29
하지 지낸 돌 31
봄 도둑 33
남겨진 하늘 35

제2부 · 풀리지 않는 질문

기억은 빨강 39

온 41

이마 위의 시간 43

스카이 워크 44

고해성사 46

동두천 댄스 48

꼭 들어야 할 대답 50

트랩 52

사라진 길 54

올레 56

요선동 만화방 58

다리 없는 새 60

제3부 · 돌아갈 곳 없는 이를 위해

풍등 65

한가위 66

이름의 이름 67

이어받고 이어 주는 69

지하철 나비 70

패자 부활전 71

밤은 73

나는 아직 여기 남아서 75

오버 데어 77

낙과주의 79

디카시 한 편 81

해바라기 82

제4부 · 아이와 만나는 세상

아이스크림은 하나뿐 87
구강기와 이순 89
그땐 그랬지 91
단수 95
돌봄역 97
아무도 나를 건드리지 마라 99
잘잘잘 101
종삼 음악회 103
틀리고 맞고 105
시 속셈 107
해피 엔딩 109
십일월 111
곶자왈 112
근하신년 114

제5부 · 뒤집히고 쓸고 굴러

더현대 앤디 워홀 THE HYUNDAI ANDY WARHOL 119

줌 인 120

미풍 웃음 터진 양속 122

세 여자 124

아내의 기도 126

비상구 128

잔치국수 말아 마주 앉은 오후 130

퐁퐁 132

미스터 부디 134

배달의 민족 136

변명 138

변명 2 139

여백 142

해설 고요하고 거룩한 패각貝殼(이민호) 144

제1부
찾을 수 없는 주어

가만히 가는 여름

먹지 않아도
아무것 안 해도
괜찮은
하루쯤

소나기 내리는 처마 밑
댓돌 아래 파이는 작은 구멍들

방울져 흘러가다 터지는 물거품

광대버섯 한 뼘 올라온 뒤란
청상과부 할머니
놋재떨이에 담뱃대 두드리는 소리

한껏 되바라진 참나리꽃
스페인 무녀 치맛자락
기어가는 무당벌레

날개 찢어져라 매미 우는

툇마루에서

아무 일도
아무 생각도 없는

한낮
한번쯤

개인 사정

비 예보가 있었지만
비는 오지 않는다

공원의 칸나 줄기째 마르고
몸풀기 하는 런닝조이 회원들
유모차 세워 놓고
물끄러미 바라보는 남자

빈속에 마신 커피

걷잡을 수 없는 마른기침

간절한

냉장고 수박 두 조각

마이크 잡으면 더듬대던
여름 양말 사 주고 싶은 사람

산딸나무 아래
버려진 유니콘 풍선

어느새 표정 짓는 법
알아 버린 아이와

한 문장을 읽었는데
찾을 수 없는
주어가

고요하고 거룩한

크림 듬뿍 메리 크리스마스
술잔 번들거리고
베토벤과 임영웅
김종삼과 나훈아
줄 서는 맛집을
떠도는 사람들 틈에서

며칠째
물과 상추 기다리는
달팽이

온몸 구겨 넣고
닫아 버렸을 입구

얇고 투명한 벽 앞을
서성이다가

지금 진정 혼자인 사람
보고 싶어지다가

볼 수 없게 되어 버린
이름을 부르다가

비우면 다시 채워지는
술잔 높이 치켜들다가

세상 전부인 패각 안에서
미처 숨기지 못한 입
마른 똥에 처박는 것들

고요한 밤은
거룩함을 거두고

겨울 나라의 앨리스

토끼가 귀를 놓고 갔어요
막대기 들고 덤불 헤집던 아이
겨울눈 껍질 들고 달려온다

목련 나무 아래
토끼 굴 하나

잃어버린 아이팟 한 짝
어디서 내 얘기 엿듣고 있을
그 귀를 찾아

눈 속 헤매던 연이가
버들도령 만난 땅 속
봄볕 가득한
옛이야기 속으로

흙냄새 비 냄새
어린아이 웃음소리

목련 피기 전에
보리 이삭 여물기 전에

돌아오지 마라
돌아오지 마라

귀를 두고 간 겨울

순간접착제

순간이 접착을 만나
신발 밑창이 말짱하게 붙었는데요

내친김에
갈라진 호스 붙이려다
수압 못 이겨 터지기를 반복
방바닥에 발바닥이 붙어
기어이 피를 보고야 말았는데요

테이블 두 개도 못 채운 손님
밀린 월세는
등짝에 붙어 떨어지지 않는데요

꽃게 손질하다 놓친 아버지의 임종
전화기 너머에서도 가버린 사람
간절히 이어 붙이고 싶은 순간이 있는데요

종량제 봉투 가득 쓰레기 끌어내고
문 닫는 밤인데요

시간의 방향

공원은 두 바퀴
오른쪽에서 오른쪽으로 돌면서

시간이 오른쪽으로 흐른다고 믿었던 까닭을
생각하면서

배수구 먼지 뒤집어쓴 채
아직 녹지 않은 눈

산사나무 마가목 열매
억새 줄기에 매달렸다
화살나무로 옮겨 가는 참새 떼

쉬지 않으면서

보행 보조기 끌고 가는
검은 패딩 코트

어디로든 갈 수 있는 날개로

붙박여 사는 것들

산수국 마른 꽃대에 언뜻 비친 흰 빛
한겨울 나비로
착각하면서

오 킬로미터 팔천 보
겨우 제자리로 돌아오면서

돌아오지 못할 언젠가를
외면하면서

책상 위에
빈 달력
올려 두면서

등 기댄 논두렁

구름 둥둥 개구리밥

올챙이 물벼룩 잔물땡땡이
바쁘게 오가고

작은 바람에도
온몸 흔드는 벼 잎

한솥밥 먹던 형제들 흩어져
다투는 밥그릇

훤히 보이는
한 뼘 물속에

입춘첩

폭설 내리던 미황사
어딘가 피어 있을 동백을 찾다가
'꽃이 피는 봄이 오는 날'
금강스님 친필 받아 들고
모처럼 설렜지

달포 지나도록
잊고 있던
그땐 참 이상타
주어가 둘인 입춘첩
산수유 피고서야 비로소
끄덕

몇 차례 환절기 몸살과
이 나이에도 여자 구실 해 보자
덜컥 걸려든 오줌소태가
급성 신우염 되고
고열에 시달려 앓다 보니
문밖엔 어느새

산수유 지고

눈 녹아 마중물 올리던 그날부터
시작되었을
꽃을

다시 읽어 보는
꽃이 피는
봄이 오는 날

맨몸 접시

처음부터 둥글었던 건 아니야
문드러졌을 뿐이지
납작 엎드려 국물도 없는
내게
코 박고 죽는다느니
한나절에도 몇 번씩 뒤집어진다느니 어쩐다느니
떠들지만

둥글어진다는 건
맨몸으로 뒹구는 일이거든
겉은 이리 반드러워도
내 안의 알갱이들 쉴 새 없이
출구 찾아 달그락거리지

천도의 불길 삼킨 가슴에
받쳐 올리는
빵 한 조각 달걀 프라이

누군가의 다음을 위해

나는 또
나를 비우고
기다리지

마지막 한파

자꾸만 사라진다
어제 산 시집 제목이
물방울 그리는 남자 이름이
내려앉은 눈꺼풀 눈물 지분한
검버섯 얼굴
삭아 내리는 시간이

얼음 낀 한강
하얀 비닐봉지가 전표 매단 채 굴러간다
언덕 내려가
물에 닿거나 어디로 가거나
가볍고 가벼운

족두리 꽃 흔들리는 담장
나무 대문 기웃거리던 아이
뭘 해도 채워지지 않던 구멍에
문득 돋아 오른 물방울

샘도

강도
바다도 아닌

눈 내려 지워진 길
헤매어 찾아간 오두막 같은

하지 지낸 돌

위에 돌 세운다
모서리가 아래로 향하도록
돌을 세운다

물 마른 계곡
사방 널린 돌 일으켜
돌 세운다

무너진다
함께 무너지면서
제 위에 올라서는 모서리
한사코 거부하는
모서리 위에
모서리 세운다

작두 타는 무당 흰 버선
줄 타는 광대 손에 든 부채
까치발 물구나무
허공 저으며

비비고 달래 온 조바심

백담사 계곡 뙤약볕 아래
누군갈 딛고 올라서 본 적 없이
하얗게 바래가는
그림자

봄 도둑

하화도 포구 둔덕에
중지 두 마디쯤 올라온 쑥
손톱으로 끊어서
두 손 봉긋 가져와

멸치 디포리 다시마 국물에
된장 걸러 무 빚어 넣고
도다리쑥국 끓인다

어릴 적 먹었던 맛을 더듬어
밥집 열었다는
삼십 년 노포 맛
따라갈 순 없지만

납작 엎드린 도다리
아무 데나 자라는 쑥

목구멍 넘어가는 참이슬 한 잔
여수 봄 바다

퍼 담고 싶은 물빛

그 어림없는 깊이로
출렁거리는

쑥국 쑥국
쑥국새 소리

남겨진 하늘

민들레 홀씨 날려 놓고
쫓아가는 아이들
풀꽃 이름 하나 배우자고
따라온 도깨비바늘
모르는 채

줄지어 떠나는 새들의 행렬
어딘가에 닿아
다시 세워야 하는 몸을

빈방 구석 물구나무 세웠던 질문을
날개 없이 꿈꾸던 비행을

활과 리라
자주 갇히는 벽

빈틈없이

어제와 다르지 않은 오늘

풀밭에 누워
바라보는

직박구리 날아간 자리
마가목 열매 흔들리는

하늘

제2부

풀리지 않는 질문

기억은 빨강

눈길에 떨어진 단추
주머니에 넣었다
동백을 몰랐던 그때

동백기름 냄새 엄마 함지에
언니가 쓰다 버린 구찌베니
돌리면 밀려 올라오던

오줌 누다 만난 빨강
튤립 모양 원피스
조금 어지러웠고
마당으로 이어진 계단
내려설 때

갈라진 시멘트 틈새
이끼 파헤치는 암탉을 피해
꼽등이 한 마리 달아나고

부엌 문지방에 한 발 올려

엄마 옆모습 바라보다
다락에 올라가 모로 누워서

쪽창으로 보이는 달
두리반 숟가락 소리

동백꽃 봉우리
몸 푸는
처음

온

이마에 달라붙는 머리칼
입으로 불며
불편한 앉음새 기우뚱 무릎 위
두 팔 감아
아기 보듬은 엄마

등 잔뜩 구부려
작은 손 만지며 끄덕이는 눈 맞춤
들릴락 말락 젖 넘기는 소리

한 줌 모이
한 종지 물
세이레 견디는 암탉
부풀려 펼친 날개 아래
기다리는 첫울음

덤불숲 봄까치 꽃
아파트 계단 밥 짓는 냄새

문득 멈춰 서서
먼 곳 다녀오는

순간
순간들

이마 위의 시간

계곡물 불어 소리소리
스물여섯 날뛰는 심장

밤마다 돌아눕던
노란 모노륨 장판

자주제비 꽃 눈멀어
사랑은 헝클어지고

눈 뜨면 어디에도 없는
숨결

풀리지 않는 질문들
어느 귀퉁이 수군거리다
불쑥

한 줌 재
이마에
얹어 놓고

스카이 워크

신발 바닥 모래알
구름 뒤엉켜
유리 잔도에 쓸리는 소리

물러설 곳 없는
나무와 하늘
폭설에 지워진
여기와 거기

날개 없는 것들이
쌓아 올린 공중

추락으로만 가능한
저
너머

동자꽃 고사목 다래와 멧돼지
아무 이름 없던 그때로

건너가는

고해성사

아버지는 유복자였다

청상의 배 속에서
일곱 남매 아비 되기까지
고물 장수 일수쟁이 미군부대 보일러 맨

사랑해 본 적도
사랑받아 본 적도 없어

오직 사랑이라는
예수를 따라

촛불 에워싼 어둠을 돌며
허밍을 하며

나는

―아이를 책상 밑에 가두고 때렸어요
―아버지가 골방에서 나를 불러요

―혼자 남으면 자위를 해요

횡경막 아프도록 울어도
보이지 않는 야곱의 사다리

누가 네 아버지고 네 형제냐

홀로
몸 매달아 놓고서
오도가도 않는

저 높이

동두천 댄스

댓돌에 앉아 담배 피우던
볼 움푹 누런 얼굴

멀찍이 지나칠 때
마른 가래침 냄새가 났지

불개미 떼 햇빛 오글거리는 파마머리
땅바닥에 연신 침 뱉으며
벌리고 앉은 가랑이 사이 내보이던
거뭇한 사타구니

드나들던 미군이 재판을 걸었다고
피엑스 물건 팔다 걸린 거라고
아니 아기가 죽어서 그런 거라고
뒤통수에 주먹 감자 먹이던 아이들 수근거렸지

방을 가로지르는 빨랫줄
브래지어 팬티 돌돌 말린 채 걸려 있고

그녀는 돌아오지 않았고
나보다 보잘것없는 이
더는 없었고

꼭 들어야 할 대답

한 손으로 입 가리고
목소리 낮춰 통화하던 그녀

내일이 시아버지 생신이라고
시어머니 어찌할 거냐 묻는다고
눈 찡긋하며
술잔 부딪쳐 온다

족발과 추어탕 잡채와 갈비찜
삼십 년 해 온 일에 대하여

무조건 사랑이라는 하느님 아버지에게

맛난 반찬 감히 집어 먹을 수 없던 어린 시절
한밤중 몰래 일어나 뒤란에 빨아 널던 개짐과

재핏골 집 몰래 나오던 새벽
약초 팔아 모은 돈 빤쓰에 꽂은 옷핀과
갈 곳 없던 청량리역 초승달과 봉제공장

고백성사 없이 받아 모신 성체가 혀와 입천장 사이
에서 흐물거릴 때
늙은 사장과 소름 끼치는 하룻밤에 대하여

발터 벤야민 하이데거 사르트르에게

시를 꿈꾸는
모든 이에게

트랩

초파리 세 마리 허우적거린다
먹다 남은 막걸리에 주방세제 섞인
길 삼아 따라간 빨대 끝에서

머리꼬리 비틀며
채 삼키지 못한 미끼 물고
끌려오는 물고기처럼

다 걸어 다 걸어
인생 야바위꾼
부릅뜬 눈
숨통 조여 오는
확률은 33.333

산딸기 있는 곳에 뱀이 있다고
누나는 말하지만
믿지 않았던

어릴 적

잎새 뒤에 숨어 익은
산딸기 노래

사라진 길

돌다리 건너
산모롱이 사라지는 오솔길 하나
호박꽃 등 밝혀
가보고 싶은
그 너머

아이 간 꺼내 먹는다는 문둥이 있어
마른침만 삼키며 바라보던 길

하늘 하얗게 덮은
도화리 복사나무
연못 속 오라버니
그리다 만 수선화

번쩍이는 아파트 유리창 노을

물은 마르고
돌 더미 흩어져

오늘도 그냥
지나치는 길

올레

벗은 옷가지 위에 손목시계 올려놓는다

하얗게 흐르는 형광등 천장
쐐기풀 시트 침상에 누워
알코올 냄새
차가운 방
가물거리는 허공

갓난아기가 운다
횃댓보 불룩 누군가 숨은 것 같은 여명
흔들어 깨워도
엄마는 잔다

날은 저물고
그림자 늘어선 가로수 길
하얗게 짓눌러 오는 들판

거미줄에 감긴
몸은 텅 비어서

가도 가도
집은 없고

초침 소리 크게 들린다

요선동 만화방

우리 집 문간에 딸린 만화방
쌀집 아들 문 열고 들어오면 오이 냄새가 났지
제발 빌려 가지 말고 보고 갔으면
만화 값 받을 때 손가락 닿을 듯 말 듯
숨소리 들킬까 훔쳐보던 옆모습

얼굴에 안개 달라붙는 밤길
우리 집 오래된 만화책 싸 들고 엄마 따라
약사리 고개 너머 절름발이 아저씨 만화방 가서
책 서로 바꿔 돌아올 때
오뎅 한 꼬치씩 사 먹었지
오뎅국물 마시면 바짝 마른 속이 노곤 노곤 풀린다고 말하던 엄마
 십 원 두 닢이던 오뎅
 만화방 동전 몰래 꺼내 군것질하던 생각은
 아저씨와 말 섞던 엄마 모습으로 지우곤 했지

 엄희자 만화 등장인물 눈에는 다이아몬드가 두 개씩 있어

굽슬굽슬 금발 머리 뾰쭉 코 레이스 마구 달린 옷
비누 방울 장미꽃 배경에
코트 깃 올려 입은 남자 주인공
세상에 없는 세상은
눈 쌓인 〈토순이네 집〉 호롱 불빛
시험 볼 때 간절한 〈손가락에 달린 고양이 눈〉까지

뺑그르르 돌아도 이내 주저앉는 접시 치마가 좋아
커서 무엇이 되겠다는 생각도 없이
흑백 만화경 같던

… 다리 없는 새

아버지는
열두 계단 집을 지으셨습니다

장마 지면 무너지는 축대는
항상 모자란
모래와 시멘트의 비율 때문이란 걸 알면서도

높이의 높음을 아느냐고
그곳에 오르라 하셨습니다

우리는
너른 들판으로 이어지는 길 위에
허방다리 만들어 놓고
하이힐 발목 삐끗하기를
키득거리면서

무화과 꽃피는 열두 계단
검붉은 노을 속으로 사라진
아버지를 기다립니다

죽어서야 단 한 번
내려온다는
새

황금빛 깃털 버리고
먹이 찾아 지상으로 내려옵니다

제3부
돌아갈 곳 없는 이를 위해

풍등

어디에 불 지를까

고양이 꼬리에 물 묻혀
재 속 묻어둔 불씨 꺼뜨리고 달아난 풀숲

새아기 젖은 버선코
창백한 새알 일곱 개

한가위

달빛에 숨겨진 암호
밤새워 해독하다
그 빛에 목을 매고 말았네

배부른 달이
슬며시 닫아 버린
문 언저리

이름의 이름

숲속 오두막에서
꽃 사진이 왔다

이름을 묻는다

쑥부쟁이와
안개 자욱한 개망초

궁금한 것이
이름인지
꽃인지

베란다에서 우는 벌레

장독 뚜껑에 쏟아지는 빗소리

문득 왔다가
사라지는 것들

제 이름
알지 못한 채

이어받고 이어 주는

풋대추 산수유 울타리콩
할머니 종재기 소복

따뜻한 배를 가진
한때는 꽃이었던 것들

만삭인 여자

몸 밀고 나온 몸

감당해 주기를
다만 거기 있어 주기를

정류장 모퉁이
개구리 모양 눈 끔벅이는
할머니 치마폭 수북

아직 끝나지 않는
아주 오래된
이야기

지하철 나비

꽃도 나무도 하늘도 없이

찢어진 날개로

꿈쩍 않는 목숨으로

그림자꽃* 피기를

기다리고 기다리는

평양 시민 김련희

서울 시민 김종애

* 다큐멘터리 〈그림자꽃〉, 이승준 감독, 2021.

패자 부활전

해 저물면
돌아갈 곳 없어 서성이는

선술집에서
거리에서
도심 골목 계단참에서

여드름 얼굴
송곳니 옆 어금니 하나
검은 구멍
목젖이 보이도록

바람에 쓸리고
사람에 밟히는 노래

Still fighting it*

산딸나무 흰 꽃
가로등

깜빡이는 외줄기 빛을 쫓아서

한번은 높이 오르고 싶어

날개 펼쳤다 접는 공작새
걸음 뒤뚱이는

다시 버려져도

다시 채우는

나를 위한
나의 노래

* 드라마 《이태원 클라쓰》 주제 음악

밤은

시를 잊으라
어둠 속 나부끼는
꽃의 언어들
되살아오는 얼굴들

어디론가 흘러가는 물소리

촛불을 끄자
빨간 사루비아
일렁이는 벽
동생 업은 엄마 그림자
홍역에 들뜬 몸 위로
천천히 내려오던 천장

도리질해도
촛불은 살아나고
나는 깨어 있어
쉴 새 없이 일어서는 혓바닥

살아 있어
죽지 못한 언어들

누군가 엿듣는
나의 숨소리

나는 아직 여기 남아서

청둥오리 휘젓고 지나간 물결
가라앉기 기다리는
재두루미 목이 깁니다

오래 바라보면 흐릿해지는
햇빛에 보풀지는 억새꽃

어제도 있었고
내일도 있으리라 믿었던
그러나 아무도 없어
놓쳐 버린

웃고 있는 사진 앞
엎어져 울던 기억도
목 따가웠던 향냄새도
오래전 일처럼
강물은 고요합니다

참새 두 마리

살얼음 위에
내려왔다 날아갑니다

오버 데어

안개 밀려온다

나무
      언덕
            바위

천천히 사라진다

거기 누구 있나요
긴 숨
너머

침엽수 이파리에 엉기는 눈
바위 검은 주름
풍경 소리 들리고
눈 덮인 돌밭

새 한 마리

구름 지나가고
쏟아지는 햇빛

오래 바라보아도
다 모르는

무채색

낙과주의

지난가을 명패
바닥에 떨구고
몽둥이로 남은 모과나무

허옇게 드러난 속살 주변에
잎 돋우고
꽃 피웠다
딱 한 송이 선분홍
성난 클리토리스

주차된 차에 떨어질까
이삿짐 사다리차 걸리적거릴까
새들도 먹지 않는 열매

바람에 흩어지는 벚꽃 곁에서
이미 지고 있는 목련 곁에서

저 한 송이 꽃이
모과 되기까지

이제부터

디카시 한 편

무릎 튀어나온 추리닝 바지에
운동화 구겨 신은 남자
김밥천국 나와 복권 판매점
들어간다

다닥다닥 붙은 간판 위
고시텔 창문 아래
307호 투숙객 세무사 합격
이름 석 자
펄럭인다

복권과 김밥을 들고
현수막 속으로
사라진다

해바라기

등이 휘도록 매달린 후회
둥글게 둥글게
문지르며

해 저문 쪽
어디쯤 오고 있는지
밥은 먹었는지
종종거리다

고개 숙인 채 야위어 가는
위태로운 모가지
터질 듯한 얼굴

햇것이야
아니
헛것이야

꽃 피운 죄
시들지 못하는

아직은 여름

제4부

아이와 만나는 세상

아이스크림은 하나뿐

혀끝 뾰족한 아이는
잿빛 고래를 만났고
아이스크림은 더 이상 달콤하지 않았다

차 문 쾅 닫고
앞서가는 엄마
바라보는 아이 책가방엔
수학 시험지가 숨죽이고 있었다

눈이 내리기 시작했다

할아버지 불을 피워요
연기가 나면 고래가 입을 벌릴지도 몰라요
그때 우리 빠져나가요

휴지 조각 적힌 대사를 꺼내 놓고
아이가 중얼거리고 있었다

불을 켜자

내리던 눈은 어둠 속으로 사라졌다

먹다 남은 아이스크림은
냉동고 속에서
코가 길어지고 있었다

구강기와 이순

콤팩트 분첩 얼굴에 대 보고
바로 입으로
눈썹연필 귀 언저리에 그어 보곤
또 입으로
립스틱 뚜껑 열어 손가락 집어넣는 순간

안 돼!
비명처럼 낚아채곤 뒤늦게
뽀로로 마이크 내밀어 보지만
이미 터져 버린 울음

눈물 콧물 잠든 아기
소리 죽여 누이고

기저귀 물티슈 치발기 숟가락 포대기
머리카락에 붙은 밥풀과
읽던 페이지 채 엎어져 구겨진 시집

단팥빵에 믹스커피 한잔

침 범벅 핸드폰 찾아들고

햇살 깊숙이
떠도는 먼지를 피해

몸 누이는 오후

그땐 그랬지

1

첫아이 제왕절개 했으니 둘째도
개복한 김에 나팔관 묶어야 하는데
만약 딸이면 어째야 하나

2

걱정 말라고
자연 분만시켜 주겠다는 의사 말 믿고
촉진제 맞고 기다리는데
산모 하나 마구 소리 지르며 들어와
덩치는 어찌나 큰지 침대가 모자라 다리 하나는 바닥으로 처지고
이새끼저새끼시팔조팔 남편 욕을 하는데
간호사들 말이 양수 터진 지 오래돼서 급하다는 거야
바로 분만실 들어가더니 얼마 안 돼 아기 엉덩이 때리는 소리 나는데 아기가 울지를 않아

손에 든 묵주를 더 빨리 돌렸어
　그 와중에 시어머니 자리는 아들인지 딸인지 알려달라 재촉하고
　한참 후 아기가 울었지만 큰 병원으로 옮겨야 한다는 소리가 들렸지
　양수에 똥을 싸고 그걸 먹어서 응급 처치해야 한다고

　3

　제왕한 자리가 터질 수 있으니 천천히 진행한다지만
　힘주고 기다리고 너무 오래 지치는데
　기막힌 건 기다리는 잠깐 잠이 오는 거야
　배를 눌러보고 무통약을 줄여라 말아라
　수시로 아래를 파고드는 차가운 기구들
　의사 꾐에 넘어가 아파트 계단 오르내리고 쪼그려 앉아 손빨래했던 게 후회되고

이러다가 결국 수술하는 건 아닌지 걱정됐지만
울음소리에 흘낏 보니 넓적다리가 손바닥보다 큰 내 아기
딸이라네

4

오줌 터질 것 같은데 소변이 안 보여 너무 오래 눌려 있어서 방광이 감각을 잃었대 소변 줄 다시 끼우고 정상으로 돌아올 때까지 끼웠다 뺐다 반복하다 퇴원이 늦어지자 화가 난 시어머니 큰아이 데리고 집으로 가 버리고 혼자 울었어 울음이 울음을 불러 꺽꺽 가슴 치받치도록 울었지 온 힘으로 감당했는데 잃어버린 무엇이 아들인지 딸인지 나 자신인지 모르겠어서 간호사가 눈 나빠진다고 달랬지만 더 울고 한참을 울고 신랑 몰래 울고

5

나보다 더 서운한 사람 나와 보라 큰소리쳤지만
물건이라면 무르고 싶던 그 딸이
딸을 낳던 날

그땐 그랬다고
이제는 말할 수 있다고
참 잘했다고

단수

봄비 온다

봉숭아 꽃모종 들고 가
두 손에 채송화 받아올
이웃도
마당도 없이

시집 한 권 보내고 나선 우체국
길 건너 꽃차에서
프리지아 한 단 사 들고

몸통만 한 책가방
땅에 신주머니 끌리는
초등학생 뒤를 따라

보험 권유 택배 문자
오전 다 가도록
찾는 이 없는 핸드폰
들여다보며

친구의 부음 문자
본 듯
못 본 듯

아파트 게시판
마주친
단수 소식

꽃병엔
수도꼭지
숨넘어가는 소리

돌봄역

맹꽁이 운다

앞집 여자 오이지 무쳐와
밥 한술 뜨고 난 저녁

망할 영감 자꾸 집적거려
그 집 일 그만둬야 할까 보다고
시어머니 수술비 얼마나 나올라나 모르겠다고

소주잔 기울이다
가고 난
빈집

맹 하면 꽁 받고
꽁 하면 맹 받다
맹맹 꽁꽁
엉키는 소리

봄 둑에 묻었던 강낭콩은

쭉정이가 반이고

지랄맞은 밤만
길어지겠다

아무도 나를 건드리지 마라

선풍기 한 대로 버티는
섭씨 삼십오 도
이부자리 개켜 높이 베고

건너편 산자락 어둠에 지워지는 순간
핸드폰 뒤적이다 놓쳐 버리고

불빛에 달려드는 하루살이 나방
달랑 문고리 하나뿐인
봉선사 방 한 칸
누군가 성큼 들어설 것 같은
덧문 열었다 닫았다

방금 읽은 니체와 김수영
너무 모르겠고

누웠다
앉았다
서성거리다

어느덧 범종 소리

잘잘잘

하나 하면 할머니가 호박을 이고서
잘잘잘

어린이집 문 앞
울먹이는 아이와 부르고 또 부르는 노래

둘 해도 셋 해도
열을 열 번 더 해도
발버둥 치는 아이를 교실에 넣고
한동안 문밖을 지킨다

달래는 선생님
잦아지는 울음소리

가로수 지나
미세먼지 누릿한 봄을 건너

자동차 소리에 묻히고
출근길 구두에 밟히는

아이와 부르던 노래

다섯 하면 다람쥐가 알밤을 줍는다고 잘잘잘
잘잘잘
잘잘잘

유모차 바퀴에 노래가 감긴다

질정 없는 봄이 감긴다

종삼 음악회

슬리퍼에 까만 양말
발목 꼬아서 앞꿈치로
바닥 찍다가
떨기도 하다가

아직 남은 해가
블라인드 틈새로 들어와
바닥에 드리운 긴 네모
발목에서 꺾어지는 걸
지켜보다가

바흐 조바꿈 평균율
피아노 음과 음 사이
평온한 얼굴에 숨겨둔 폭풍을

종달새야
봄아
구름 없는 하늘
그 아찔함에서 하강할 때

날개 접는 설움을

백 년 전 사람이 좋아서

그저 만났다 헤어지면서

저 모습 마지막일지
모른다고

김수영처럼

틀리고 맞고

깍두기공책 칸칸마다

토끼가 깡총깡총 뛰어갑니다

토끼가 깡충깡충 뛰어갑니다

바둑이 공책에 그어진 빨간 작대기
엄마는 놓쳐 버린 동그라미 쫓아
껑충껑충 뛰어갑니다

열 손가락 폈다 오므리며
가르기와 모으기 하는
일 학년

손가락 펼치고 접어
가위 바위 보

손바닥 엎어 뒤집어
어떻게 먹을까

아무리 갈라도 1인
아무리 모아도 0인

엄마와 아이는
서로
눈만 깜빡입니다

시 속셈

내 쪽파는요
아 이 집이 급하다 캐서 언능 하고 집에 꺼 해 주께

아침 일찍 쪽파 세 단 다듬어 달라 부탁했는데
서너 시간 지났는데
할머니는 총각무만 다듬고 있다

그냥 갈까
혹시 몰라
녹복낭 의자 당겨 앉아 쪽파를 깐다

뿌리 자르면 세 갈래 네 갈래 나뉘는 쪽파
할아버지 가시고 노점 시작했다고
이제는 손주들 용돈 주는 소일거리라고
취나물 시금치 생도라지 완두콩 배추
청량리 청과 시장에 주문하면 배달해 준다고

까놓은 쪽파 집어 팔 때
재빨리 스치고 가는 할머니 눈길

엄지 검지 달라붙은 흙
눈 맵고 콧물 나고 엉덩이 허리 아픈
한 시간 훌쩍

지금쯤이면
김치 통에 들어갔을 파김치

아무 말 없이
파값 치를 때 얼른
마늘 한 움큼 집어 주는 할머니

노점 사십 년
주부 사십 년
머리 맞댄

장미 아파트 담장 옆
기우뚱한 파라솔 아래

해피 엔딩

지하철 신호음 들린다
에스컬레이터 뛰어 내려가
문 닫히기 직전

여의나루역
불 켜진 지하 오 층
강바닥을 뚫고 달리는 열차

와이파이 걱정 하나 없이
한강에 출몰한 괴물 보면서

반성도 회심도 없이
요나처럼

오르내리는
하늘
땅
강

구름 내려다보이는 창가
커피 끓는 냄새

새는
나무 끝에서 울고

귓속 후비는
아우성들

아직도

십일월

아르페지오 기타 소리
눈발 날리는

정거장엔
함부로 돌아설 수 없는
사람 하나

어둠에 지워진 차창
역방향에

아그네스 발차* 서걱거리는
목소리

---

* Agnes Baltsa: 그리스 태생 메조소프라노

곶자왈

입에서 사르르 녹는 참치 네 점과
말로만 듣던 다금바리 두 점
샹들리에 반짝이는
화이트와인을 마시면서

대화는 없고
천정은 높다

따라비오름 오르던 한낮
흐르던 땀은 식어

실내 분수 멈추고
피아노 연주도 끝나고
대리 기사 기다리는 로비
아침부터 서두르다 놓친
똥이 마렵다

창 너머 풀장엔
온천수에 몸 담근 사람들

손에 든 술잔
들리지 않는 웃음소리
바비큐 연기
야자나무 잎사귀 흔드는 바람

한 끼 식사로는
어찌해 볼 수 없는

아이들이 마련한
어버이날이다

근하신년

방문 빼꼼
복주머니 던지고 사라지는
이모티콘 아기 호랑이

색동저고리에 붉은 치마
무릎 꿇고 엎드려서 훌러덩 재주 넘고
내미는 덕담

얼른 받아 여기저기
퍼 나르는 카톡 소리

눈조차 내려 더더욱
그간의 속내 덮어두기 좋은
임인년 설날 아침

엎어져 벌어진 치마폭 사이로
허연 엉덩이 내보이는
세 살배기 세배에
입꼬리 천장에 닿을 듯

어른아이 아무아무
받으세요 복
많이 많이 받으세요

쏟아지는
말 잔치

제5부
뒤집히고 쓸고 굴러

더현대 앤디 워홀 THE HYUNDAI ANDY WARHOL

벚꽃 피는 밤이다

백화점 더현대
앤디 워홀 전

돈이
돈을 버는 금융 특구 여의도

강변에
돗자리 깔고
막걸리 마신다

바람에 흩어지는 꽃잎들

시詩는 언제 뒤집히려나

만질만질
깍둑깍둑

줌 인

조약돌 만지작거린다
주머니 속엔
텅 빈 운동장

술래잡기 땅따먹기 고무줄놀이
아이들 노랫소리
끊어진

모니터 앞에 앉아
키보드 두드린다

회의 아이디ID, 암호
열리지 않는 줌ZOOM 방
카카오 톡으로 접속하세요

왼발 오른발 다시 왼발
자꾸만 엉키는 고무줄

종이 울리고

아이들 가버리고

미루나무 이파리 반짝이는
늑목 아래

조약돌 혼자

미풍 웃음 터진 양속

프라이팬에 기름 살짝 끓을 때 수수 반죽 한 국자 얇고 동그랗게 펴서 가운데 팥소 넣고 반 접어 가장자리 꼭꼭 누르는 수수부꾸미 다 되어 갈 무렵

수유리아지매 대문 들어서신다
제물로 생닭 가져오셨다
길고 두툼한 얼굴에 앓는 듯 속삭이는 듯 안그러이께 형님요를 연발해서 별명은 강살매
입이 이마보다 튀어나와 유꽁치가 된 서대문아지매와 그 아래 동서 두 분 함께 오시고 숙부들 속속 도착

빨랫줄 걷고 대문 열어둔다
밤 치고 땅콩 까고 상어돔베기 위에 다리 벌린 닭가슴에 소고기전 얹은 채 상에 오르고 수수부꾸미 우끼 콩고물 시루떡과 문어다리 한 짝 걸친 상차림

남자 두 번 절 할 때 여자 네 번 절하는 게 법도라고
대청에서 ㄱ자로 꺾어진 쪽마루
제사상 보이지도 않는 곳에서

남자들 옆구리에다 연신 절하는 숙모들
 밟히는 치맛자락 모아 쥔 두 손으로 꿈틀비틀 일어섰다 앉았다
 웃음 터진 딸네는 방문 닫아걸고 배 움켜쥔다

 저명 영문학자 수유리 아재와 출판사 사장하는 서대문 아재와
 미군 부대 하우스 보이 아버지가
 한 상에 음복 나누는 증조부 제삿날

 문어 가져와라 술 가져와라 재촉하는
 아버지 목소리
 높다랗고

세 여자

집에 두고 온 남자를
이야기한다

커다란 목소리
서로 말 가로채면서

깻잎 꼭지는 길어서 목에 찔리고
달래는 질겨서 못 먹겠다 투덜대는 남자

냉장고 야채박스 튤립구근
된장찌개 넣고 끓여 병원 신세 진 남자

도자기 접시 가스에 올려
삼겹살 구워 먹은 남자

또 무슨 짓 하고 있을까
고개 젖혀
배 아프도록 웃는다

전자레인지 냉동밥 돌아가는
청풍 호수 불빛 가운데
밤새 켜져 있는 남자

술병 넘어져 쏟아진 아침
침대에 누워 바라보는

안개
하늘
산
물

머리맡엔
산국화 향기

아내의 기도

길 가다
옷 홀랑 벗겨져
네거리에 세워진 사람

희망퇴직서 말고

탄원서 쓴다고
컴퓨터 앞에서 잠 못 드는 사람

혼자 지내던 영동집
정신없이 짐 싸던 그 밤
돌아눕던 눈에 비치던 눈물

티브이 꺼져버린 거실

눈 마주치자
입꼬리 살짝 움직여
웃는 모양 보여주는 사람

아직 네 학기 남아있는 딸아이 등록금
쿠쿠밥솥 김 빠지는 소리

먼지조차 일지 않을 걸음걸이

국 냄비 불 지펴 놓고

서성이는

닫힌 방문 앞

비상구

약 먹을 시간 알람 소리
어깨가 무릎에 닿도록 기침 소리
구역질하면서도 넘기던 밥
하루 만 보 채우러 나서던 산책길

강릉 두 달 살이

좀 더 일찍 돌아왔어야 했나
차라리 바다나 실컷 보게 둘 걸 그랬나

국화꽃 냄새
연도 소리

누군가 다가오면 좋겠고
아무도 오지 않았으면 좋겠고

주저앉아
오가는 사람 발끝을 보며

자꾸
잠이 오는 미망

잔치국수 말아 마주 앉은 오후

아무 말 않고
눈길 서로 건네지 않고
국수 가락 빨아올리는 소리만

행운목 그림자 깊숙한 거실
뜨거웠던 오전의 조영제는
어떤 그림자를 남겨 놓았을까

쓰레기통에 버려진
멸치 몇 마리
수유도 생식도 끊어진

오후는
호박꽃에 갇혀 잉잉거리는 벌처럼
발버둥 치고

티브이 채널 초 단위로 바꾸며

내가 듣는

내 숨소리

별일 없어
별일 아니야

속고 싶은 마음
속이고 싶은 몸

퐁퐁

안녕
아이스아메리카노 달그락거리는 얼음
엘리베이터 이십오 층
내려다보이는 공원
나무 바위 연못 운동 기구 자전거 길 보행자 길
잘 배치된

화장실엔 물비누 말간 페이퍼 타월
하얗게 부푼 거품
깨끗해서 불안한

안락의자에 앉아

우크라이나 전쟁 뉴스
포성은 아주 멀리서
기후 위기는 멀리로

피자가 배달되고
은박지에 조리된 파스타

환경 호르몬 잠깐 잊기로

아직은
조금만 더
스마트한

미스터 부디

가이드가 노래를 부른다

처음 들어 보는 안동역에서

쌍꺼풀 깊은 눈길

서로 피하면서

마사지 한 시간 추가 권하다가

노래는 노란 셔츠의 사나이로 넘어간다

지금 내 마음 기쁨 없어요

못 들은 척 창밖을 보는 사람들

청하지도 않은 남행열차가

내일이면 헤어질

부디의 목울대를 오르내린다

파리 한 마리 출구 찾아

이리저리 날아다니는

말레이시아 버스 안

배달의 민족

현관 밖 상자 속에는
누군가의 잠이 들어있다

파자마 바람 여배우가
요술봉 휘둘러 불러온 아침

샐러드 위 방울토마토
크림치즈 샌드위치
미처 챙기지 못한 아이 준비물
출근길 읽을 책 한 권

주문 걸면

고객만족 연중무휴 로켓배송 샛별배송
쉬지도 자지도 멈추지도 먹지도 않고
달린다

뒤바뀐 잠이
인기척 없이 두고 간

택배

어느 날
날아들 비보가
하마 예견되는

거리엔 깨질 듯한
자동차 경적 소리

변명

모른 척 밀쳐놓으면 어느새
귓가에 달라붙는

아차 싶었던
그 말

초과 근무 수당 지급하라는 근로 감독관
받았던 봉투 돌려달라는 사장 앞에서
무심코 튀어나온 말

씨발

변명 2

청수 한 동이 올리고
살풀이로 풀어낸 매듭
마고할미 짐짓 나무라는 듯

제祭는 열리고

그릇 커 소리도 크고 부딪힘 많았다
회향하는 사람들
틈에 끼어
향 올린다

벽돌 한 장
화염병 하나 던지지 못한
출근길 가방 뒤짐 정도가 전부였던
내 젊은 날

타는 목마름을
한 줄기 향불로 갚을 순 없겠지만
목숨 건 모든 행보 앞에

고개 숙인다

어떤 변명도 위무도
애타도록 마음에 서둘지 말 것*을
오래 뒤집히고 쓸리고 굴러
썩어 잊혀질 즈음까지
기다릴 것을

돌이킬 수도
앞지를 수도 없는 시간 위에
능소화는 피고

건너가는 한 사람
건너다 보는
오월
한 날에

* 김수영 시 「봄밤」에서

여백

첫 시집을 내고
첫 손주를 맞이했다

도무지 집중할 수 없는 시간과
점점 멀어져 가는 시가 안타까워
여러 번 울기도 했다

어디에도 미쳐 본 적 없어
죽을 것 같은 그리움 하나 없는 내가
시를 붙잡고 놓지 못하는 까닭은
아직 다 풀어내지 못한
설움 때문이었다

이제 남은 시간은
조금 밝고
부드럽고
재미있는 시를
만날 수 있으면 좋겠다

2024년 초봄
목련은 피어 하루가 아쉬운
김 종 애

해설

고요하고 거룩한 패각貝殼

이민호(시인·문학평론가)

1. 아이와 놀며 시를 쓰다

시를 쓰는 이유는 무얼까. 한국 근대시의 출발은 입신출세주의와 교양주의에 근거를 두고 있다. 시를 양명揚名의 수단으로, 생활의 여기餘技로 삼은 까닭이다. 그렇기에 수많은 시인들이 최후의 인간으로 시류에 영합해 살다 사라졌다. 이러한 추세가 아직도 한국 시단 저변에 흐르고 있다. 이를 두고 김수영은 모리배와 딜레탕트dilettante로 일갈했다. 이들에게서 신동엽이 꿈꿨던 좋은 언어를 기대할 수 없다. 해마다 한국 시인이 노벨 문학상을 탈 것인지 수선거리는 문단과 언론의 몰상식도 이런 측면의 한 갈래다. 이미 선진국에 들어선 우리가 남들이 다 가져가는 상징을 왜 소유하지 못할까 조바심을 내는 것은 시의 몰이해일 뿐만 아니라 한국 시의 협소한 현실을 드러내는 표징이기도 하고 세속적 욕망의 표출이기도 하다. 그만큼 시의 현대성과는 거리가 멀다.

시는 내가 누구인가를 증명하는 일에서 벗어나 나는 어떻게 살 것인가를 묻는다. 이 존재의 물음이 시의 현대적 감각이다. 내 삶의 서사가 어떻게 우리 공동체 이야기 속에서 일체감을 이루며 하나가 될 수 있을까 모색하는 일이다. 그러므로 자기 연민에서 빠져나와 타자로 향하는 시 쓰기야말로 시에 있어 실존적 기투企投라 할 수 있다. 김종애의 시는 중심에서 벗어나 시의 언저리에서 실제 '시를 살다간' 시인들 곁에 있다. 눈에 띄지 않고 충만하지 않다. 늘 허전하며 허허롭다. 그런 나날 속에서 잘 잡히지 않는 심상을 알뜰하게 모아 시집을 묶었다.

김종애의 이번 시집은 동화나라 서사가 특징이다. 루이스 캐럴Lewis Caroll이란 필명으로 찰스 루트위지 도지슨Chales Lutwidge Dodgson이 쓴 『이상한 나라의 앨리스』처럼 아이와 어울려 놀면서 쓴 이야기다. 도지슨은 옥스퍼드 교수 시절 하숙했던 집 아이들과 템스 강에서 보트를 타며 재밌게 이야기를 만든다. 그리고 책 면지에 '여름날 추억 속 아이에게 주는 크리스마스 선물'이라 적는다. 그처럼 이 시집도 곳곳에 구강기를 거쳐 어린이 집에 다니는 아이와 지낸 시간과 유모차 바퀴에 갇긴 노래를 풀어 쓴 시를 담고 있다. 이 시적 순간과 서정은 과거로 되돌아가 기억 속 자신과 만나 이루는 페이소스이기도 하며 아이와 만나는 세상은 어때야 하는지 영원한 시간 앞에 선 단독자의 외침이기도 하다.

  한국 문학 속 아이들은 가부장적 문화의 감옥에 갇혀 있다. 에밀레종 전설 속 아이처럼 희생양이 되거나 통과의례를 거쳐 문화 영웅으로 거듭나야 하는 존재로 등장한다. 이처럼 김종애의 시에서도 대상화되고 배제된 어린 존재와 만나게 된다. 더더욱 어린 여자 아이와 대면하게 된다. 시집 제목 '귀를 두고 간 겨울'에서 보듯 완전한 자기를 성취하지 못한 분리된 자아와 벗어날 수 없는 공간이 자리하고 있다. 이는 아직 해명되지 않은 삶의 곡절이 있음을 말하는 것이며 동시에 그 답을 다 듣고야 새로운 문으로 들어서겠다는 결단의 순간이기도 하다. 그러므로 김종애의 시를 읽는 일은 '귀'에 귀를 대는 몸짓이어야 한다. 입으로 말하지 못하는 아이 곁에서 몸을 낮추고 고요한 이야기를 들어야 한다. 그때 겨울 속에서 봄싹이 트는 경이로운 순간을 맞이할 수 있다.

2. 정지된 시간의 우울_1과 0의 세계

'귀를 두고 간 겨울'은 멈춰 있다. 그는 '나보다 보잘 것없는 이/더는 없었(「동두천 댄스」)'다고, '새들도 먹지 않는 열매(「낙과주의」)'라고, '질정 없는 봄(「잘잘잘」)'이라고 자기 부정한다. 이 무생성의 정지된 시간을 김종애는 원죄 의식과 유기된 자의 서사 속에 재현한다. 프로이트Freud는 히스테리 환자를 치료하면서 그들이 '기억' 때문에 고통 받는다고 말한다. 이는 과거의 고통을 뜻하며 끊임없이 반복되는 상처다. 이러한 고통과 상처에서 벗어나려면 과거로 돌아가 '언어화'해야 한다. 그처럼 김종애의 시 쓰기는 치유의 언어화라 할 수 있다. 이때 원죄의 고통과 버려진 상처는 수평적 시간에 놓여 있다. 이는 자기 고유의 시간이 아니라 바슐라르Gaston Bachelard가 말한 타자의 시간이다. 즉 1과 0의 논리로만 인간을 판단하는 이분법적 상징 세계라 할 수 있다. 그는 이 시간 속에 귀속됨으로써 멜랑콜리 상태에 빠지게 된다.

아버지는 유복자였다

청상의 배 속에서

일곱 남매 아비 되기까지
고물 장수 일수쟁이 미군부대 보일러 맨

사랑해 본 적도
사랑받아 본 적도 없어

오직 사랑이라는
예수를 따라

촛불 에워싼 어둠을 돌며
허밍을 하며

나는

―아이를 책상 밑에 가두고 때렸어요
―아버지가 골방에서 나를 불러요
―혼자 남으면 자위를 해요

횡경막 아프도록 울어도
보이지 않는 야곱의 사다리

누가 네 아버지고 네 형제냐

홀로
몸 매달아 놓고서
오도가도 않는

저 높이
　　―「고해성사」 전문

　고백은 몇 개의 서사를 겹쳐 놓는 가운데 순간의 황홀경 속에 빠져들게 한다. 아버지와 나와 예수의 서사는 어느 순간 구분되지 않고 시간은 응축돼 융합을 이루는 순간을 맞이한다. "아버지는 유복자였다"는 언술은 시적 주체의 발언이기도 하지만 성령으로 잉태된 예수를 호명하는 언어이기도 하다. 애초에 인간은 결핍된 상태로 세상에 던져진 존재이기에 아버지가 있으면서도 아버지 없는 아이러니적 존재다. 김종애의 시에서 아버지는 내 선택 이전에 이루어진 선험적 사건이다. 아버지는 '고물 장수 일수쟁이 미군부대 보일러 맨'이고, '미군 부대 하우스 보이(「미풍 웃음 터진 양속」)'다. 이 종속된 아버지의 얼굴은 미당이 「자화상」에서 토로했던 말처럼 들린다. "애비는 종이었다"고. 이후 시인은 "혓바닥 늘어뜨린/병든 수캐마냥 헐떡거리며 나는 왔다"고 고백하지 않았던가. 김종애 역시

피의 원죄 때문에 사랑을 잃었다고 말한다. 그 자리를 실체 없는 종교적 사랑이 차지했지만 어둠이 온몸을 옥죄었다고 고백한다. 그때 아버지는 예수의 모습으로 부활한다.

>아버지는
>열두 계단 집을
>지으셨습니다
>
>……
>
>높이의 높음을 아느냐고
>그곳에 오르라 하셨습니다
>
>……
>
>죽어서야 단 한 번
>내려온다는
>새
>　—「다리 없는 새」에서

이 시에서 아버지는 신화적 존재이며 구세주의 위치로 상승했다. 이제 '다리 없는 새'로 현실의 아버지와 무관하다. 죽음을 통해 재생과 부활을 예고하는 묵시록적 존재로 변신한다. 영성 가득 찬 열두 계단을 오르는 일은 쉽지 않다. 그저 따라야 할 삶의 준칙일 뿐이다. 시 「고해성사」의 '홀로/몸 매달아 놓고서/오도가도 않는' 높이다. 종속적 아버지와 지배적 아버지 사이에서 시적 주체는 분열 상태에 빠진다. 이 간극을 매울 수 없기에 "―아이를 책상 밑에 가두고 때렸어요/―아버지가 골방에서 나를 불러요/―혼자 남으면 자위를 해요"라고 울부짖는다. 이는 버림받고 헤매었던 이스라엘 사람들이 통곡의 벽 앞에 섰던 순간처럼 극렬한 자기 분열과 환타지에 빠져드는 순간이며 무화된 시간이기도 하다. 이 고백 앞에 한 연聯으로 남은 시적 주체 '나'는 미군부대 하우스 보이이기도 하고, 절대자 예수이기도 하고, 시적 주체 자신이기도 하다. 이 정지된 채 구분할 수 없는 서정 앞에 우리는 융합의 경지를 체험하게 된다. 그리고 귀 기울여 김종애가 들려주는 이야기를 온몸으로 듣는다. 그는 이 겨울쯤에 귀를 두고 왔다. 거기 '야곱의 사다리'는 구약에 나오듯 미래에 올 '천국의 계단'이기도 하지만 곧 이어질 디아스포라 즉, '추방'의 의미이기도 하다. 그러므로 김종애의 시 쓰기는 우울한 상태에만 멈춘 것은 아니다. 오히려 구원에 의탁하지 않으며 추방에 연연하지 않는다. 그의 시 쓰기는 자기 길의 선택으로 선회한다.

정지된 시간 속에서 김종애의 시는 사물의 시간에 자기 자신의 고유한 시간을 귀속시키지 말자고 속삭인다. 그렇게 지속되는 수평적 시각을 뚫고 수직적 시간으로 탈주하자고 재촉한다. 그를 둘러싼 시간들은 1과 0의 경직된 논리 기호다. 정답과 오답만이 존재하기에 '아무리 갈라도 1인/아무리 모아도 0인(「틀리고 맞고」)' 모순과 부조리에 당면한다. 그때 모든 것은 정지된다. 그는 현상적 테두리에 갇히게 된다. '거미줄에 감긴 몸(「올레」)'처럼 집은 없다. 그때 알아챘다. "문득 왔다가/사라지는 것들/제 이름/알지 못한 채(「이름의 이름」)" 사라지는 것들이 들려주는 소리를 들어야 한다는 것을.

3. 여성적 글쓰기로서 시_오버 데어 over there

엘렌 식수 Hélène Cixous는 인간 해방으로서 여성적 글쓰기를 제안한다. 기존 글쓰기의 상징체계에서 벗어나 인간 본연의 자유를 획득하기 위해 '이곳에서 저곳으로' 날아가야 한다고 역설한다. 특별히 프랑스어 동사 'voler'에 실어 강조한다. 이 낱말에는 '날다'란 뜻과

'훔치다'라는 의미가 함께 있다. 이처럼 여성적 글쓰기는 저곳으로 날아가는데 기존 중심 담론을 자기 것으로 획득해야 한다는 전제를 깔고 있다. 시집『귀를 두고 간 겨울』에는 이러한 여성적 글쓰기의 징후로 가득하다. 지난겨울 두고 간 귀를 다시 회수하여 제 몸에 장착하겠다는 자기 복원의 시 쓰기라 할 수 있다.

    오줌 누다 만난 빨강
    튤립 모양 원피스
    조금 어지러웠고
    마당으로 이어진 계단
    내려설 때

    ……

    동백꽃 봉우리
    몸 푸는
    처음
        ―「기억은 빨강」에서

    시를 잊으라
    어둠 속 나부끼는

꽃의 언어들
되살아오는 얼굴들

어디론가 흘러가는 물소리

촛불을 끄자
빨간 사루비아
일렁이는 벽
동생 업은 엄마 그림자
홍역에 들뜬 몸 위로
천천히 내려오던 천장

도리질해도
촛불은 살아나고
나는 깨어 있어
쉴 새 없이 일어서는 혓바닥

살아 있어
죽지 못한 언어들

누군가 엿듣는
나의 숨소리
    —「밤은」 전문

시 「기억은 빨강」에서 과거 기억은 새로운 색으로 채색되었다. 이 새 언어는 여성적 이미지로 물들여져 있다. 그를 억압했던 수많은 아버지에서 벗어나 새로운 공간으로 가는 탐색이며, 죽음에 앞서 가는 듯 아찔하기도 하며 충일한 삶의 흥분 상태다. 이 역동적 '빨강'색은 덧칠해진 기억이 아니라 새 생명을 내놓는 존재의 첫 걸음이기에 순수 서정의 순간이며 김종애의 시를 가장 명징하게 응축시킨 이미지이다.

　이 여성적 글쓰기로서 시 쓰기는 시 「밤은」에서 보다 구체화된다. 아버지의 언어로 쓰인 시를 망각 속에 밀어 넣고 여성 상상력의 화신인 꽃의 언어들로 교체하고 있으며 정지된 시간 속에서 멜랑콜리 상태 있던 존재들을 다시 호명하고 있다. 그리곤 어디론가 흘러가자고 한다.

　그 겨울 얼어붙은 소리가 두고 온 귀에 들리는 듯하다. 이 하강의 물질적 상상력은 자꾸 아래로 아래로 흘러가기를 요청한다. 이는 노자老子가 『도덕경』에서 말한 곡신谷神의 이미지처럼 다함없는 자유의 면모다. 하늘과 땅이 바뀌는 역설의 순간이다. 살아 숨 쉬는 언어들로 탈바꿈해 영원으로 흐르고자 한다. 그렇게 이 시를 읽는 이도 그의 숨소리를 엿듣기 위해 밤의 무의식 어딘가에 두고 온 귀를 열어야 한다.

거기 누구 있나요
긴 숨
<u>너머</u>
　─「오버 데어」에서

돌다리 건너
산모롱이 사라지는 오솔길 하나
호박꽃 등 밝혀
가보고 싶은
<u>그 너머</u>
　─「사라진 길」에서

(밑줄: 필자)

 여성적 글쓰기로서 시 쓰기, 즉 김종애의 시 쓰기는 저 너머를 상상하는 일이다. 삶의 이편에서 저편에 대고 외치는 부름이다. 죽음에 앞서가 만나는 존재가 거기에 있다. 그를 통해 지나온 삶의 방향을 틀려는 역설적 인식이다. 과거 언젠가 가고자 했지만 수없이 발길 돌려야 했던 그 곳이다. '눈 속 헤매던 연이가/버들도령 만난 땅 속/봄볕 가득한/옛이야기'와 '흙냄새 비 냄새/어린아이 웃음소리(「겨울나라의 앨리스」)'가 들린다. 이처럼 이곳에서 저곳으로 날아가는 그의 시적 행로를 따라가다 보면 귀를 두고 간 까닭이 풀리지 않을까.

4. 잿빛 고래 배 속에 갇힌 시

궁극적으로 시집 『귀를 두고 간 겨울』은 아이와 만나는 세상과 여성적 글쓰기로서 타자성을 두 축으로 한다. 아이들에게서 우리가 잃었던 표정을 읽고 삶의 생기를 얻어 자신에게 주어진 시간과 결별하려 한다. 나혜석은 모성에 대해 다음과 같이 말한다.

> 세인들은 항용, 모친의 애愛라는 것은 처음부터 어머니 된 자 마음속에 귀하게 있는 것 같이 말하나, 나는 도무지 그렇게 생각이 들지 않았다. 혹 있다 하면 제2차부터 모母될 때야 있을 수 있다. 즉 경험과 시간을 경經하여야만 있는 듯싶다.
> ―「모母된 감상기」에서

모성은 본질적이거나 자연스러운 감정이 아니라 사회적 경험 속에서 얻게 된 타자성이라는 뜻으로 읽힌다. 시 쓰기도 그렇지 않을까. 그러므로 직관에 의지하려는 시적 포즈나 실재와 논쟁 없는 무비판적 시 세계는 시 쓰기의 본질과 다르다는 뜻이다. 시 쓰기의 사회적 경험이 새로운 정서와 의미를 창출한다는 뜻이기도 하다. 이렇듯 김종애의 시 쓰기는 스스로 기른 것이다. 누구의 손을 타 만들어진 인위적인 시가 아니다. 아이를 양육하며 길러낸 또 다른 아이다. 그의 시는 거듭해 구원받기를 거부한 성경 속 요나를 닮았다.

　　할아버지 불을 피워요
　　연기가 나면 고래가 입을 벌릴지도 몰라요
　　그때 우리 빠져나가요

　　휴지 조각 적힌 대사를 꺼내 놓고
　　아이가 중얼거리고 있었다

　　　　― 「아이스크림은 하나뿐」에서

구약성서 속 예언자 요나는 하느님의 부름을 받고도 도망쳤다가 큰 고기 배 속에 갇혔다 가까스로 살아 나와 자신의 사명이 무언지 고백하고 회개한다. 그처럼 김종애의 시는 지금 잿빛 고래 배 속에 갇혀 있다. 자신에게 주어진 소명을 깨닫고 수용해야만 비로소 그는 시적 자유에 이르게 될 것이다. 귀를 두고 간 사연도 그럴 것이다. 신의 소리를 듣기 위해서다.

요나 콤플렉스는 자궁으로 되돌아가려는 욕망이기도 하지만 재생의 약속이기도 하다. 엄마 배 속으로 들어가 다시 태어나는 일이 곧 시 쓰기라면 시인의 자궁은 어디에 있는가. 신의 소리는 언제 들리는가. 나는 어떻게 살아야 하는가. 어떤 사람들의 이야기 속에 내 이야기 한 편을 얹어 놓아야 하는가. 이 많은 소리가 김종애의 시집 속에서 대답을 기다리고 있다.

김종애의 시는 장 콕토$^{Jean Cocteau}$의 '귀$^{Mon oreille}$'다. 그러므로 김종애의 시는 소라 껍데기다. 바다 소리가 들린다. 귀를 두고 간 겨울이 거기에 있다. 그리움이며 향수다. 만해는 "기룬 것은 다 님이다."라고 고백한다. 그리고 그 임은 '길을 잃고 헤매는 어린 양'이라 했다. 김종애의 시가 들어야 할 소리가 아닌가. 이 헤매는 존재들이 김종애의 시집에도 아우성치고 있다. '돌아갈 곳 없어 서성이는(「패자 부활전」)' 존재로, '납작 엎드린', '아무데나 자라는(「봄 도둑」)' 타자의 얼굴로, '출구 찾아 달그락거리는'. '내 안의 알갱이들(「맨몸 접시」)' 소수자로. 그러므로 김종애의 시는 고요하지만 거룩한 사람들의 껍데기이다.

시인은 이제 '귀를 두고 간 겨울'로 돌아가길 바란다. 거기 가서 귀 기울일 때 신탁처럼 무슨 소리 들을 수 있을 것이다. '꼭 들어야 할 대답'은 '발터 벤야민에게서도, 하이데거에게서도, 사르트르에게서도' 하물며 '시를 꿈꾸는' 자에게서 듣지 못할 것이다. 오로지 '엄청난 고생되어도/순하고 명랑하고 맘 좋고 인정이/있으므로 슬기롭게 사는 사람들(김종삼, 「누군가 나에게 물었다」)'만이 대답하리라. 그때야 김종애의 시를 '아무도 건드리지(「아무도 나를 건드리지 마라」)' 못할 것이다.

매혹시편 6
귀를 두고 간 겨울

1판 1쇄 펴낸 날 2024년 4월 20일

지은이 김종애
펴낸이 이민호
펴낸 곳 북치는소년
출판 등록 제2017-23호
주소 10442 경기도 고양시 일산동구 일산로 142, 427호(백석동, 유니테크빌벤처타운)
전화 02-6264-9669 | **팩스** 0505-300-8061 | **전자 우편** book-so@naver.com

편집 주간 방민화
디자인 신미연
제작 두성 P&L

ISBN 979-11-979474-7-6 (03810)

*이 책의 저작권은 북치는소년에 있습니다. 저작권법에 따라 한국에서 보호를 받는 저작물이므로 무단 전재 및 복제를 금합니다.